Le cirque du ROI BOUGON

PHILIPPE BÉHA

À Tom et Nina

Les 400 coups

JE VEUX ÊTRE UNE ÉTOILE DE CIRQUE.

Aimerais-tu être un jongleur ?

NON!

PAS ÇA!

BOUM!

VEUX-TU APPRENDRE
LE TRAPÈZE ?

NON! NON!

PAS ÇA!

BOUM!

AIMERAIS-TU ÊTRE UN CLOWN ?

NON, NON ET NON!

PAS ÇA!

BOUM!

Veux-tu devenir un funambule ?

NON, NON, NON ET NON!

PAS ÇA!

BOUM!

AIMERAIS-TU ÊTRE UN DOMPTEUR ?

NON, NON,
NON, NON,
NON ET NON

PAS

ÇA!

BOUM!

NON, PAS ÇA!
NON, PAS ÇA!

NON, PAS ÇA!
NON, PAS ÇA!

JE NE VEUX PAS
ÊTRE UNE
PETITE
ÉTOILE !

JE VEUX ÊTRE
LA PLUS
GRANDE
DES ÉTOILES !

BOUM!

Nous remercions le Conseil des Arts du Canada de l'aide accordée à notre programme de publication et la SODEC pour son appui financier en vertu du Programme d'aide aux entreprises du livre et de l'édition spécialisée.

Nous reconnaissons l'aide financière du gouvernement du Canada par l'entremise du Fonds du livre du Canada (FLC) pour nos activités d'édition.

Gouvernement du Québec – Programme de crédit d'impôt pour l'édition de livres – Gestion SODEC

Le cirque du roi bougon
a été publié sous la direction de Renaud Plante.

Design graphique : Bruno Ricca
Révision : Fleur Neesham
Correction : Philippe Paré-Moreau

Dépôt légal – 3e trimestre 2012
Bibliothèque et Archives nationales du Québec
Bibliothèque et Archives Canada

ISBN 978-2-89540-573-3

Loi 49-956 du 16 juillet 1949 sur les publications destinées à la jeunesse.

Dès 3 ans.

Imprimé en Chine

Catalogage avant publication de Bibliothèque et Archives nationales du Québec et Bibliothèque et Archives Canada
Béha, Philippe

Le cirque du roi bougon

Pour enfants.

ISBN 978-2-89540-573-3

I. Titre.

PS8553.E398C57 2012 jC843'.54 C2012-941136-1

PS9553.E398C57 2012